AF332322

LE GUIDE

DU GENDARME,

OU

INSTRUCTION ÉLÉMENTAIRE

DESTINÉE

AUX SOUS-OFFICIERS ET GENDARMES

DE LA SIXIÈME LÉGION.

NANTES,

IMPRIMERIE DE MELLINET.

—

1834.

LE GUIDE

DU GENDARME,

OU

LÉGISLATION EXPLIQUÉE

DESTINÉE

AUX SOUS-OFFICIERS ET GENDARMES

DE LA NOUVELLE FORCE.

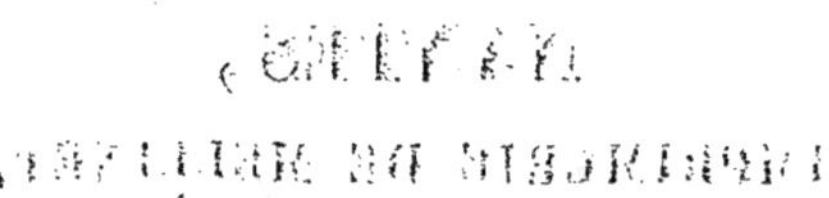

PARIS,

IMPRIMERIE DE MILITAIRE.

LE GUIDE DU GENDARME.

DISPOSITIONS PRÉLIMINAIRES.

Demande. Qu'est-ce que la Gendarmerie ?

Réponse. Un corps militaire créé pour le maintien de l'ordre et l'exécution des lois.

D. Quelles sont les qualités nécessaires pour faire un bon Gendarme ?

R. La fidélité au serment prêté devant la loi, un entier dévouement au Roi et à la patrie, des mœurs sans reproche, et une obéissance exemplaire aux réglements militaires et à ses chefs.

D. Quels sont ses devoirs relativement au maintien de l'ordre et à l'exécution des lois ?

R. Recueillir et prendre tous les renseignements possibles sur les crimes et les délits publics, et en donner connaissance à qui de droit.

D. A quels grades appartiennent ces devoirs ?

R. A tous, mais particulièrement aux sous-officiers et gendarmes.

D. Quels devoirs impose la qualité d'officier de police auxiliaire du procureur du Roi ?

R. Rechercher les crimes, les délits et les contraventions, en rassembler les preuves, et en livrer les auteurs aux tribunaux.

D. A quels grades appartiennent ces devoirs ?

R. A tous les officiers de l'arme et à eux uniquement.

Quel que soit le mouvement d'un gendarme, et par quelque ordre ou quelque fait que ce soit, qu'il se trouve dans tel lieu ou dans tel autre, il est dans un état permanent de répression, de surveillance et d'action de police.

Les officiers, sous-officiers et gendarmes sont justiciables des tribunaux criminels pour tous les délits relatifs au maintien de l'ordre et à l'exécution des lois.

CHAPITRE PREMIER.

Des Devoirs de la Gendarmerie comme chargée du maintien de l'ordre et de l'exécution des lois.

D. Quels sont les devoirs de la Gendarmerie comme chargée du maintien de l'ordre et de l'exécution des lois ?

R. 1.º L'exercice d'une surveillance continuelle ;

2.º Arrêter les délinquants, et s'en assurer ;

3.º Prêter main-forte à l'autorité ;

4.º Dresser procès-verbaux et rapports ;

5.º Livrer les coupables à l'autorité ;

6.º Opérer avec régularité.

CHAPITRE II.

L'Exercice d'une surveillance continuelle.

D. Comment s'exerce cette surveillance continuelle ?

R. 1.º En faisant des marches, tournées, courses et patrouilles sur les grandes routes, traverses, chemins vicinaux, dans les villes, villages et hameaux ; en recueillant tous les renseignements sur les délits et crimes ;

2.º En correspondant avec toutes les brigades ;

3.º En visitant les auberges, cafés, cabarets, logeurs, et demandant aux voyageurs dans les voitures publiques leurs passeports, feuilles de route ou congés ;

4.º En se rendant aux marchés, foires et assemblées publiques ;

5.º En s'enquérant de toute réunion ou association illicite ;

6.º En demandant les passeports, feuilles de route à tous étrangers ;

7.º En arrêtant les mendiants et gens sans aveu ;

8.º En saisissant tous ceux qui, dans un lieu public, tiennent des jeux de hasard ou d'escroquerie ;

9.º En saisissant tout homme vagabond ou sans aveu pris en flagrant délit, porteur d'armes ensanglantées, ou poursuivi par la clameur publique.

D. Comment doivent se faire ces marches, tournées, courses et patrouilles sur les grandes routes, traverses, chemins vicinaux, dans les villes, villages et hameaux, et recueillir tous les renseignements sur les délits et crimes ?

R. Pour imposer davantage, prévenir les voies de fait,

s'assurer de la supériorité, deux gendarmes doivent toujours procéder ensemble à ces diverses opérations , ainsi qu'à toutes celles dont ils peuvent être chargés ; le nombre en sera ensuite proportionné à l'importance et au danger de la circonstance : ils seront armés, marcheront en ordre, en silence, observeront tout ce qui leur paraîtra extraordinaire, et prendront sur les lieux, près de MM. les Maires , adjoints, des gardes-champêtres , ou de tous autres, tous les renseignements qu'ils pourront se procurer sur les délits et crimes commis ou présumés commis, sur tout ce qui aurait pu ou pourrait troubler l'ordre, sur le genre de vie, les habitudes, les facultés et les vices de ceux confiés à leur vigilance ; en un mot, en exerceront une telle, que les coupables se croiront toujours observés, et que par une crainte salutaire , ils se maintiendront dans un état de tranquillité étranger à leur caractère et à leurs inclinations.

D. Comment doit se faire la correspondance des brigades ?

R. Aux jours et lieux indiqués par le service ; elle doit se faire avec un grand secret : elle a pour objet de se communiquer les avis que chaque brigade aura pu recevoir sur tout ce qui intéresse la sûreté publique : les gendarmes doivent concerter leurs opérations pour la recherche des prévenus, se transmettre réciproquement les prisonniers qu'ils auraient à conduire ; se faire remise des ordres, lettres, etc. , effets dont ils seraient porteurs. Aucun prisonnier ne sera reçu de la brigade qui l'aura conduit, s'il n'a un ordre de conduite et qu'il ne soit muni de toutes les pièces ou effets qui y seront désignés, à moins qu'il n'y soit suppléé par des procès-verbaux qui constatent le moment et les causes de leur disparition ; les gendarmes, sous aucun prétexte, n'emprunteront ni ne recevront rien, à quelque titre que ce soit, des prisonniers dont la translation leur sera confiée.

D. Comment doit se faire la visite des cafés, auberges, cabarets, logeurs, et comment doit-on demander aux voyageurs, dans les voitures publiques, leurs passeports, feuilles de route, etc. ?

R. On doit examiner dans ces lieux si personne ne trouble l'ordre par ses paroles ou actions ; y demander à tous les étrangers leurs passeports, feuilles de route ou congés ; se faire représenter, par les aubergistes, leurs registres d'inscription des voyageurs, et en surveiller la tenue rigoureuse ; tenue qui doit être conforme à ce que prescrivent la loi du 13 brumaire an VII et l'article 475 du Code pénal. Les passeports, feuilles de route, congés, etc., seront demandés aux voyageurs, dans les voitures publiques, aux relais et stations seulement, excepté dans les cas extraordinaires.

D. Comment exercer la surveillance aux marchés, foires et assemblées publiques ?

R. En y prévenant tout attroupement, y empêchant tout mauvais propos, toute voie de fait, et se tenant toujours prêt à agir.

D. Qu'appelle-t-on association ou réunion illicite ?

R. Toute réunion de plus de vingt personnes, non compris les maîtres de la maison, se réunissant à certaines heures et certains jours marqués pour s'occuper d'objets religieux, littéraires, politiques et autres sans autorisation du gouvernement.

D. Comment doit-on demander les passeports, feuilles de route, congés à tous les étrangers ?

R. Dans tous les lieux on peut exiger de tout homme qui paraît étranger , la production de son passeport, de sa feuille de route ou de son congé ; on doit s'assurer de l'identité du passeport, feuille de route ou congé avec celui qui en est porteur. Pour qu'un passeport soit régulier, il faut qu'il soit conforme à ce qui est prescrit par la loi du 28 vendemiaire an VI et le décret du 18 septembre 1807.

D. Quelles personnes doivent être qualifiées de mendiants , vagabonds et gens sans aveu ?

R. De mendiants , tous ceux qui implorent la charité publique ;

Vagabonds et gens sans aveu, ceux qui n'ont ni domicile certain ni moyens de subsistance, et qui n'exercent habituellement ni métier, ni profession.

D. Quels sont les jeux de hasard ou d'escroquerie qui doivent être défendus ?

R. Tous ceux dont l'événement est soumis à l'action du sort ; tous ceux qui, par leur nature , fournissent des moyens d'escroquerie ; tous ceux , en un mot, qui sont prohibés par le Code pénal, article 475 , §. 3.

D. Qu'appelle-t-on homme pris en flagrant délit , et poursuivi par la clameur publique ?

R. L'homme pris en flagrant délit est celui qui commettrait ou viendrait de commettre un délit ou un crime ;

Celui que les cris du peuple signalent comme l'auteur ou le complice d'un délit qui vient de se commettre , est l'homme poursuivi par la clameur publique.

Est assimilé au cas de flagrant délit celui où un prévenu est trouvé dans un temps rapproché du délit , saisi d'effets , armes, instruments ou papiers faisant présumer qu'il est auteur ou complice du délit ou crime commis,

CHAPITRE III.

Arrêter les délinquants et s'en assurer.

D. Quand doit-on arrêter les délinquants ?

R. On doit les arrêter,

1º De son propre mouvement ;

2º Quand l'Autorité le requiert régulièrement.

D. Quels sont ceux qu'on doit arrêter de son propre mouvement ?

R. 1º Tout homme pris en flagrant délit ou poursuivi par la clameur publique ;

2º Celui trouvé porteur d'armes ensanglantée ;

3º Celui qui troublerait les citoyens dans l'exercice de leur culte ou dans l'intérieur de la vie domestique ;

4º Tout mendiant valide ;

5º Tout homme vagabond et sans aveu ;

6º Tout étranger ou militaire voyageant sans passeport, congé, feuille de route, ou s'il en avait dont les délais en seraient expirés, et qui s'écarterait du chemin tracé.

7º Tous ceux qui, par leur fait ou ceux de leurs chevaux ou voitures auraient blessé quelqu'un, même par imprudence, ou obstrueraient méchamment la voie publique.

8º Tout voiturier qui ne marcherait pas à côté de sa voiture, ou, en cas de rencontre avec une autre voiture, ne céderait pas la moitié du passage.

9º Tout voiturier de roulage qui, en avant de sa roue, et sur le côté droit, n'a pas une plaque de métal en caractères apparents, indiquant son nom et son domicile, et qui ne se conformerait point aux dispositions des lois des 29 floréal an **X** , 7 ventôse an **XII** , et du décret du 23 juillet 1806 ;

10° Tout individu qui menacerait par geste , propos ou action , et insulterait ou frapperait un gendarme dans l'exercice de ses fonctions ;

11° Tout auteur d'attroupement armé ou non armé ;

12° Tout homme qui chasserait masqué.

D. Quelle autorité a droit de requérir ?

R. 1° Les Ministres ;

2° Les Préfets ;

3° Les Sous-Préfets ;

4° Les Officiers de police judiciaire ;

5° Les Commissaires généraux de police ;

6° Les Présidents des Cours d'assises ;

7° Les Présidents des Colléges électoraux.

D. Quand est-on requis régulièrement ?

R. Quand l'autorité civile le fait en vertu de réquisitoires ou arrêtés par écrit, et faisant énonciation de la loi ou des ordres supérieurs, et des motifs principaux ;

Quand l'autorité judiciaire le fait par écrit et par mandats ;

Quand les commissaires généraux de police produisent leur commission visée par M. le Sous-Préfet de l'arrondissement , et que leur demande est faite par écrit.

D. Quels moyens employer pour arrêter et s'assurer des délinquants ?

R. La force , s'il y a résistance ou rébellion ; hors ces circonstances, toute rigueur ou outrages sont des crimes.

D. Quels sont les Officiers de police judiciaire ?

R. 1° Les Procureurs royaux ;

2° Les Substituts des Procureurs royaux ;

3° Les Préfets ;

4° Les Commissaires généraux de police ;

5° Les Officiers de Gendarmerie ;

6° Les juges d'instruction ;

7° Les Juges-de-paix ;

8° Les Maires ;

9° Les adjoints aux Maires ;

10° Les Commissaires de police ;

11° Les Gardes-champêtres et forestiers.

D. Quels sont les officiers de police judiciaire qui ont le droit de rechercher, même à domicile (dans le cas de flagrant délit ou étant poursuivis par la clameur publique) les traces des crimes, délits et contraventions, les preuves qui les établissent et d'en livrer les auteurs aux tribunaux ?

R. Tous en ont le droit à l'exception des gardes-champêtres et forestiers, qui ne peuvent pénétrer dans les maisons qu'autant qu'on ne s'y opposerait point.

D. Les sous-officiers et gendarmes sont-ils aussi considérés comme officiers de police judiciaire ?

R. Non.

D. Quand la Gendarmerie est insuffisante pour le maintien du bon ordre et pour l'arrestation des prévenus, de qui et comment doit-elle se faire assister ?

R. Elle a droit de requérir les gardes-forestiers et champêtres (à la charge de prévenir les Maires de cette dernière réquisition) ; de demander à l'autorité civile l'assistance de la garde nationale, à l'autorité militaire celle des forces sous ses ordres ; et maintenant aux citoyens dans des cas de brigandage, pillage, accidents, tumultes, inondation, incendie, flagrant délit, clameur publique ou exécution judiciaire.

CHAPITRE IV.

Prêter main-forte à l'Autorité.

D. A quelles autorités doit-on prêter main-forte ?

R. 1° Aux préposés aux douanes :

2° Aux administrations et agents-forestiers ;

3° Aux receveurs des contributions ;

4° Aux huissiers ;

5° Aux préposés des ponts à bascule ;

6° Aux autorités dans l'intérieur des villes ou villages ;

7° Au Président du Collége électoral ;

8° Au Juge d'instruction ;

9° Au Président de la Cour d'assises.

D. Quand doit-on prêter main-forte ?

R. Quand l'autorité à laquelle vous le devez le demande par écrit.

CHAPITRE V.

Dresser Procès-Verbaux et Rapports.

D. Quand doit-on dresser procès-verbaux, rapports ?

R. On doit dresser procès-verbal de tous les événements importants dont on a été témoin ; de tous ceux qui surviennent que l'on n'a pas vus, mais qui néanmoins laissent des traces après eux, et dont on va s'enquérir sur les lieux ; de toutes les déclarations qui peuvent être faites par les fonctionnaires publics et les citoyens qui sont en état de fournir des indices sur les crimes ou délits commis.

On doit faire rapport de tout ce qu'on a vu ou entendu qui n'est pas dans l'ordre naturel, mais qui néanmoins n'a pas assez d'importance pour exiger un procès-verbal, ou qui s'est passé étant requis par quelque autorité.

D. Comment ces procès-verbaux doivent-ils être rédigés ?

R. Avec vérité, clarté ; un exposé naturel des faits, dégagé de tout événement étranger, et en se conformant aux dispositions des circulaires de l'Inspecteur-Général, des 25 prairial an IX et 12 avril 1806.

CHAPITRE VI.

Livrer les coupables à l'Autorité.

D. Quand et comment doit-on livrer les coupables à l'autorité ?

R. Ceux pris en flagrant délit, de suite : en cas d'absence des autorités pour délivrer un mandat d'arrêt, ils seront mis en dépôt, soit dans une des chambres de la caserne, soit dans une de celles de la Municipalité, soit dans la maison d'arrêt ou de prison, et légalement reconnue pour maison de détention. Sous aucun prétexte, le prévenu ne pourra rester en dépôt plus de vingt-quatre heures ; le tout sous peine d'être poursuivi comme coupable de détention arbitraire.

D. Comment exécuter ces mandats ?

R. En exhibant ces mandats au prévenu, et lui en délivrant copie. Quand le prévenu est trouvé hors de l'arrondissement de l'autorité qui aura délivré le mandat, il sera conduit devant celle locale, qui le visera, sans pouvoir s'opposer à son exécution. Si le prévenu contre lequel il y a un mandat à exercer ne peut être trouvé, il sera exhibé à l'autorité locale, qui mettra son *visa* sur l'original de l'acte de notification ; procès-verbal de perquisition à son domicile en sera dressé en présence de deux des plus proches voisins du prévenu, que le porteur du mandat pourra trouver.

Le procès-verbal sera ensuite visé par l'autorité locale, à laquelle le porteur en donnera copie.

CHAPITRE VII.

Opérer avec régularité.

D. Comment doit-on opérer pour le faire avec régularité ?

R. 1.º En n'exerçant jamais ses fonctions que revêtu de son uniforme ;

2.º En mettant à exécution les mandats et réquisitions, légalement faits ;

3.º En ne portant, sous aucun prétexte, les dépêches et correspondances des autorités civiles ;

4.º En n'échangeant ou ne vendant jamais son cheval sans l'autorisation du commandant de la compagnie ;

5.º En se mettant à l'abri de toute garantie personnelle.

D. Comment se mettre à l'abri de toute garantie personnelle ?

R. 1.º En ne laissant évader aucun prisonnier, même du fait de sa négligence ;

2.º En ne s'introduisant jamais de nuit dans le domicile d'un citoyen (Les articles 390, 391 et 392 du Code pénal déterminent ce qu'on entend par le domicile d'un citoyen), à moins d'incendie ou de réclamation de l'intérieur (le temps de nuit a été réglé par l'article 1037 du Code de procédure civile), ou à moins que la maison ne soit un lieu public, comme café, auberge, etc., et qu'on ne s'y introduise qu'aux heures où ces lieux sont ouverts ;

3° En ne pénétrant jamais dans une habitation pour y procéder à une arrestation ou à une perquisition pour un motif quelconque, sans être certain qu'on y est autorisé, par la nécessité d'abord, et ensuite par les lois existantes sur cette matière.

4° En ne faisant pas rompre les portes extérieures ou intérieures qu'on tiendrait fermées, sans l'assistance de l'autorité ;

5° En n'obtempérant aux demandes de l'autorité qu'étant légalement requis ;

6° En ne laissant, sous aucun prétexte, plus de vingt-quatre heures en dépôt un individu arrêté sans mandat et sans réquisition légale ;

7° En rendant compte à l'autorité qui a requis légalement, du résultat de l'opération qui a été exécutée en vertu de son réquisitoire, sans que celle-ci puisse s'immiscer en aucune manière dans les opérations militaires ;

8° En ne désarmant personne à la chasse, hors le cas de menaces, provocations et déguisements ;

9° En portant dans l'exécution de ses devoirs autant de fermeté que de modération ; en s'abstenant avec soin de violence et d'irritation ; en n'oubliant jamais que la gendarmerie, chargée de faire respecter l'ordre et les lois, doit dans toute circonstance mériter et obtenir l'estime publique, qui doit être la plus noble récompense de ses services.

FIN.